AF335973

LA
QUESTION SOCIALE

DISCOURS

Prononcé le 26 Septembre 1875

AU BANQUET DE SAINT-MANDÉ

PAR

M. ALFRED TALANDIER

Prix: 15 centimes

PARIS

CHEZ TOUS LES LIBRAIRES

Dépôt : Librairie DUVAL, 6, rue des Écoles.

1876

DÉDICACE

Aux prolétaires des champs, aux prolétaires de l'atelier, aux prolétaires de la science, de l'art, de l'enseignement, dont la misère, pour être en habit noir, n'est ni moins cruelle ni moins injuste que celle qui porte la blouse, je dédie cette étude, la première d'une série que je désire publier, sur la question la plus ardue qui jamais ait agité les sociétés humaines, *la question sociale.* J'ai besoin pour donner suite à la publication de ces études, du concours actif de mes concitoyens, et je le leur demande, convaincu

que je suis que s'ils lisent ce travail avec
attention, il y reconnaîtront une pensée pas-
sionnée pour la justice et inaltérablement
dévouée au culte des idées qui forment le
plus précieux héritage que les générations
passées aient légué à l'humanité. Ces idées
c'est à nous de les développer, de modeler
sur elles les mœurs et les institutions nouvelles, sans lesquelles le mot de République
ne serait qu'un symbole menteur, d'en faire,
en un mot, la loi vivante du monde nouveau. Elles ne sont pas nouvelles ces idées :
bien souvent déjà elles ont apparu au monde
qui ne leur a trouvé qu'un défaut : celui
d'être trop belles et de vouloir, pour être réa-
lisées, des hommes meilleurs que nous ne le
sommes. Leur jour est-il enfin venu ? Le
peuple français, désabusé de la fausse gloire
qui lui a coûté tant de souffrances et d'hu-
miliations, est-il enfin convaincu qu'il n'y a

pour lui et pour les autres de salut que dans la justice ? — L'avenir répondra : en attendant, je ne demande qu'une chose à mes concitoyens : c'est de ne jamais oublier que cet avenir, c'est nous-mêmes qui le faisons.

Alfred TALANDIER.

LA QUESTION SOCIALE

Citoyens,

Je viens vous proposer un toast essentiellement *conservateur* : un toast *au travail*.

Le travail n'est-il pas, en effet, le grand et véritable transformateur, conservateur, et rénovateur de toutes choses ; n'est-il pas aussi le grand opprimé, ce pauvre souverain méconnu, dont le front n'a porté jusqu'ici que la couronne d'épines, et pour lequel, d'ailleurs, nous, républicains, ne demandons point de couronne, heureux que nous serions si la société voulait bien, en échange des devoirs qu'il reconnaît et accepte, lui garantir enfin la plénitude de ses droits.

Je ne viens pas seulement vous proposer un toast au *travail*, je viens aussi rappeler quelques-unes des idées les plus chères au cœur de tous les républicains socialistes, idées qui depuis quelque temps ont été à notre avis beaucoup trop laissées dans l'ombre.

I

Un homme dont nous ne devons jamais, citoyens, oublier les services, car si ceux qui eurent à diriger la défense de Paris contre les Allemands avaient apporté à leur tâche autant d'ardeur et de patriotisme qu'il en mit à l'accomplissement de la sienne, non-seulement l'honneur, mais l'intégrité du territoire eût pu être sauvée ; un homme que nous devons, si nous trouvons qu'il s'éloigne de nous, tâcher de ramener, non par des critiques acerbes, qui jamais n'ont ramené personne, mais par de nouveaux témoignages d'affection et de reconnaissance pour les services rendus, Gambetta, a cru pouvoir affirmer qu'il n'y avait point de question sociale, de question générale, de question d'ensemble, mais seulement *des ques-*

tions sociales, particulières à quelques groupes ou à quelques individus, et qui devaient être scindées, isolées les unes des autres, pour être résolues séparément.

Notre illustre ami Louis Blanc a fait à Gambetta une réponse dont le souvenir, j'en suis sûr, est présent à vos esprits, et sur laquelle je n'aurai pas l'imprudence de revenir. Je veux d'ailleurs faire autre chose : je veux vous faire toucher, pour ainsi dire, la réalité de la question sociale, en m'appuyant sur l'opinion de ceux qui, admettant que ce problème existe, soutiennent qu'il n'y a point de solution à chercher, ou du moins qu'il n'y en a pas d'autre que la solution chrétienne, c'est-à-dire la misère en ce monde pour le plus grand nombre et les consolations que la religion offre... dans le ciel, aux sacrifiés d'ici-bas.

Entre ceux donc qui prétendent qu'il n'y a point de question sociale et ceux qui soutiennent que cette question existe, mais qu'elle est insoluble, vous déciderez si les plus sages ne sont pas ceux qui affirment que cette question peut être résolue et qui cherchent patiemment, dans l'association des efforts et des intérêts de tous, la solution pacifique de ce redoutable problème.

II

De tous ceux qui de notre temps se sont efforcés de rendre la vie à la vieille doctrine de l'inégalité, à la doctrine de la division des hommes en classes dirigeantes et classes dirigées, et qui ont travaillé, sinon à reconstituer, du moins à empêcher de disparaître de la société moderne l'antique régime des castes, il n'en est pas qui l'ait fait plus carrément, plus nettement, je puis même dire plus brillamment que M. Ernest Renan dans sa *Philosophie de l'histoire contemporaine*.

Je vous recommande la lecture de ce livre, mes chers amis; il est digne d'aller de pair avec ceux de de Maistre, de Malthus et avec le livre, trop peu connu en Europe, où fut exposée, en 1858, la doctrine des esclavagistes américains.

Je ne puis naturellement vous donner ce soir une analyse du livre de M. Renan ; mais je vous en ferai connaître l'esprit, et, pour cela, je m'appuierai sur des citations textuelles.

Pour M. Renan, il n'est pas possible que tous les hommes s'affranchissent jamais, que tous soient jamais bien élevés, que tous participent aux jouissances de la vie complète, qu'il appelle d'un nom significatif : *la vie noble*.

Voici quelques extraits qui vous permettront de juger du fond et de la forme de ce travail :

« Des générations laborieuses d'*hommes du*
» *peuple et de paysans*, rendent possible
» l'existence du *bourgeois honnête et éco-*
» *nome*, lequel rend possible à son tour
» l'existence de l'*homme dispensé du tra-*
» *vail matériel, voué tout entier aux choses*
» *désintéressées.*

» On supprime l'humanité si l'on n'admet
» que *des classes entières doivent vivre*
» *de la gloire et de la jouissance des au-*
» *tres.* La démocratie traite de dupe le paysan
» d'ancien régime qui travaille pour ses no-

» bles, les aime et jouit de la haute existence
» que d'autres mènent avec ses sueurs.

» Jouir du plaisir ou de la noblesse d'autrui
» paraît une extravagance, mais il n'en a pas
» toujours été ainsi. »

Et il ne faut pas qu'il en soit ainsi :

« Il faut qu'il y ait des gens de loisir, sa-
» vants, bien élevés, délicats, vertueux, en
» lesquels et par lesquels les autres jouissent
» et goûtent l'idéal. La supériorité de l'Eglise
» et la force qui lui assure encore un avenir
» consiste en ce que seule elle comprend cela
» et le fait comprendre. L'Eglise sait bien que
» les meilleurs sont souvent victimes de la
» supériorité des classes prétendues élevées ;
» mais elle sait aussi que *la nature a voulu*
» *que l'humanité fût à plusieurs degrés.*
» *Elle sait et elle avoue que c'est la gros-*
» *sièreté de plusieurs qui fait l'éducation*
» *d'un seul, que c'est la sueur de plusieurs*
» *qui permet la vie noble d'un petit nom-*
» *bre.*

» A n'envisager que le droit des individus,
» il est injuste qu'un homme soit sacrifié à

» un autre homme ; mais il n'est pas injuste
» que tous soient assujettis à l'œuvre suprême
» qu'accomplit l'humanité. *C'est à la reli-*
gion qu'il appartient d'expliquer ces mys-
» *tères et d'offrir dans le monde idéal de*
» *surabondantes consolations à tous les*
» *sacrifiés d'ici-bas.* »

III

La voilà-t-il assez nettement, assez crûment
exposée la vieille doctrine de l'inégalité, la
vieille doctrine des castes et de l'aristocratie.
Au bas, semblable aux racines de l'arbre et se
perdant comme elles dans le sol et dans la
nuit, esclave, serf ou prolétaire, l'ouvrier, le
paysan ; au milieu, droit et raide comme la
tige, le bourgeois honnête et modéré, médiocre
et économe ; en haut, la tête épanouie dans
l'air et la lumière, la fleur de la civilisation,
l'homme de loisir, l'aristocrate bien élevé, sa-

vant, délicat, vertueux même dans le sens raffiné, comme le dit M. Renan.

Un mandarin chinois, un brahmane hindou, un patricien de Rome, un lord anglais, un boyard russe parleraient-ils autrement? Non. C'est là le dogme qui leur est commun à eux tous et à nos libéraux français des classes dirigeantes, qui veulent bien de la « vie noble, » c'est-à-dire de la liberté, de l'égalité et de la fraternité *entre eux;* mais qui n'en veulent que pour eux et pour leurs *pairs.*

Me trompé-je, citoyens, en disant que par ces mots de *vie noble* on ne peut entendre que la liberté, l'égalité et la fraternité? Si je me trompe, le mot *pair* se trompe avec moi, car *pairie* est synonyme d'égalité. Les *pairs* sont les égaux.

Sans doute on pourrait soutenir que la vie noble est la vie de ceux dont l'existence est une fête perpétuelle et qui ont pour fonction, comme l'historien anglais Carlyle l'a dit, en parlant de l'ancienne aristocratie française, de s'habiller magnifiquement et de manger somptueusement.

Mais M. Renan, qui, en dépit de ses prétentions à contempler l'idéal pour le compte d'autrui, est un travailleur, n'entendrait pas ainsi la *vie noble*. Je suis donc fondé à interpréter ces mots comme je le fais, et à dire que la vie noble n'est pas autre chose que la vie des hommes libres, égaux et frères au sein de la caste supérieure à laquelle ils appartiennent. Certes il y a quelque chose de grand dans cette vie-là. Il ne lui manque, pour être absolument belle, que d'être le lot de tous, au lieu de n'être que le privilége de quelques-uns.

IV

Or, qu'est venu faire dans le monde cette révolution que nous fêtons aujourd'hui? Est-elle venue dire : « La liberté, l'égalité, la fra-» ternité ayant été le privilége des castes su-» périeures, j'abolirai pour tous la liberté, l'é-» galité, la fraternité et personne n'en jouira?» Non, elle est venue dire ; « Ce qui fut le privi-

» lége de quelques-uns sera le droit de tous;
» charges et avantages, devoirs et droits, pei-
» nes et plaisirs seront partagés ; la vie noble
» deviendra la vie humaine et le régime po-
» litique où cette loi règnera sera la Répu-
» blique, dont l'éclat illuminera le monde en-
» tier, dont la justice et la bonté rallieront à
» elle tous les peuples de l'univers. »

Si ce n'est pas là ce que nos pères ont voulu, démentez-moi, et dites-moi, car alors je l'ignore, quel est le sens de la Révolution française ?

Mais je ne me trompe point. La pensée commune qui nous réunit, c'est que la Révolution n'a d'autre raison d'être et d'autre but que de fusionner toutes les classes actuellement superposées les unes aux autres en une seule classe, en une seule société, dont tous seront membres au même titre, et dans laquelle tous auront des droits égaux ; en un mot, que la Révolution française n'est pas seulement une révolution politique, mais qu'elle est aussi une révolution sociale.

Que nous soyons loin encore de la réalisation d'un tel idéal, c'est mille fois évident. *Qui donc parmi nous se fait des illusions à cet égard ?*

On nous accuse souvent de tromper le peuple, de le bercer de fausses espérances, d'exciter ses convoitises par des promesses qu'il de dépend pas de nous de réaliser.

Qui donc parmi nous s'est rendu coupable d'un pareil crime ? Quel est celui des républicains socialistes qui a joué avec les espérances du pauvre, et promis de jeter les riches en pâture au lion populaire ? J'appartiens depuis plus d'un quart de siècle au parti républicain militant ; j'ai connu les hommes et les œuvres, et je défie qui que ce soit de me citer un livre, une phrase où l'un d'entre nous ait seulement fait entrevoir aux plus criants des besoins populaires une satisfaction immédiate.

Au contraire, nous avons toujours dit que ce n'était qu'au prix de dangers terribles, de longs efforts, de p[illegible]es, qu'une vieille société pouvait p[a]sser du régi[m]e théocratique et monarchique au régime [dé]mocratique et républicain. Pas [un] de [illegible] a caché au peuple que la République démocratique et sociale à laquelle nous aspirons est une terre promise, un idéal pour lequel nous vivrons et mourrons, mais que nous ne posséderons guère autrement que l'on ne possède la vérité dont on entrevoit la réalisation dans un lointain avenir.

V

Est-ce à dire, cependant, que nous prêchions, comme le Christianisme a eu le tort de le faire pour son propre compte, que notre royaume n'est pas de ce monde ? Non : nous affirmons, au contraire, que ce monde-ci est le lieu où tôt ou tard triomphera la loi de liberté, d'égalité et de fraternité élaborée par notre glorieuse révolution. Nous affirmons que la question sociale, aussi bien que la question politique, sera résolue, et sera résolue précisément à l'aide de ces grandes puissances dont la possession est absolument indispensable aux travailleurs, s'ils veulent achever leur complète émancipation : l'éducation, morale et intellectuelle, car, pour réaliser l'association égalitaire, il ne faut pas seulement de l'intelligence, il faut aussi de la vertu, du dévouement ; le capital, accumulation séculaire du travail de tous ; les machines, application splendide de la science à l'industrie, qui, si les ouvriers savent en acquérir la possession, feront servir toutes les inventions du génie à l'affranchissement du genre humain.

Mais il faut pour cela que les travailleurs s'associent et que, par l'association, ils deviennent possesseurs du capital et des machines. Car ces forces sont inconscientes, indifférentes. Aucun Dieu, j'en suis bien fâché pour ceux dont cette affirmation peut blesser les croyances, ne les anime ni ne les dirige. Comme le vent qui passe, la foudre qui gronde, elles peuvent contribuer indifféremment à notre mal ou à notre bien, servir à river les chaînes du travail, si elles restent la propriété exclusive d'une féodalité industrielle, concourir à l'affranchissement et à la glorification de l'humanité tout entière, si nous savons en faire

les serviteurs et les instruments du bien-être
de tous.

VI

A propos de travail et de machines, je vous
demanderai la permission de faire une digres-
sion vers l'Amérique et l'exposition de Phila-
delphie.

Il n'est pas de nation au monde, citoyens,
qui se pique plus que notre sœur de l'Amérique du Nord d'être la première entre toutes
pour le génie des inventions industrielles.
Laissez-moi vous dire, à ce sujet, un petit
conte américain bien curieux et bien caracté-
ristique.

Un jour une mère américaine (nous pourrions dire la mère américaine, car il s'agit ici
de personnages typiques), fut obligée, d'autres
soins urgents l'appelant au dehors, de quitter
pour un instant son bébé qui dormait. Son ab-
sence dura un peu plus qu'elle ne l'aurait
voulu, et lorsqu'elle revint, elle se figu-

rait qu'elle allait trouver maître bébé criant, pleurant et faisant rage dans son berceau. Point du tout. La mère, en rentrant, ne fut pas peu surprise de voir que le berceau se berçait tout seul et que bébé, souriant dans son sommeil, dormait de tout son cœur. Que s'était-il passé et comment ce berceau marchait-il ? Le voici : le bébé américain s'était réveillé, et voyant que la mère n'était pas là pour le bercer et qu'il était abandonné à lui-même, s'était levé, avait inventé une mécanique pour faire aller le berceau, et puis s'étant recouché, il dormait tranquillement dans son *self-rocking cradle*, en français, berceau automoteur.

Vous jugez si la mère, devant ce prodige du génie de son fils, augura bien de l'avenir qui lui était réservé.

Un simple conte bleu en dit long sur le caractère et sur les tendances d'un peuple. Celui que je viens de vous rapporter en dit long aussi sur la révolution profonde qui s'est accomplie dans l'esprit humain. Prenez nos vieux contes : vous y verrez presque toujours un dieu, une fée, en un mot, une cause extérieure et supérieure à l'homme, intervenir pour aider celui-ci à accomplir une tâche devant laquelle il se trouve impuissant. Ici, c'est tout le contraire : pas d'intervention supérieure ; l'homme se suffit à lui-même, et affirme, par ses actes, la puissance de ses efforts et de sa vertu. Ce n'est là rien de moins qu'un déplacement de l'axe du monde moral.

La fable grecque d'Hercule enfant, étouffant les serpents dans son berceau, nous offre une idée du même genre ; mais, outre que les Grecs furent nos maîtres les plus directs dans la philosophie comme dans les arts, d'Hercule, les Grecs firent un dieu. La République américaine se contente d'en faire un citoyen. Progrès immense, incommensurable : l'humanité ne se faisant plus *de dieux !*

VII

Que je vous dise maintenant pourquoi, à propos de la question sociale, je vous ai parlé de l'Amérique. La révolution que l'introduction des machines doit accomplir dans l'industrie est à peine commencée ; mais elle s'accomplira, et nulle nation ne contribuera plus que l'Amérique du Nord à cet accomplissement.

, Que les ouvriers délégués qui, l'année prochaine, iront aux Etats-Unis, m'entendent donc : ce qu'il faut étudier là-bas, ce sont les machines. Nous avons, nous, des musées incomparables, le Louvre, le Luxembourg et bien d'autres. Les Américains en auront peut-être autant quelque jour ; mais pour le moment, ce que, de l'aveu des personnes les mieux renseignées, ils ont de plus remarquable, c'est leur *patent Museum*, le musée de leurs inventions brevetées. Voilà ce qu'il faut par dessus tout que les délégués ouvriers étudient en Amérique, s'ils veulent se tenir au courant du progrès et permettre aux associations ouvrières de prévoir les mouvements futurs de l'industrie et d'en tirer parti pour le bien de l'œuvre d'émancipation à laquelle elles travaillent.

VIII

Constater la nécessité pour l'ouvrier de devenir maître du capital et des machines, en un mot de l'instrument de travail, est bien; mais les moyens ? Est-ce quand la loi, qui paraît vraiment procéder de la philosophie de M. Renan beaucoup plus que de celle de la Révolution française, impose aux classes travailleuses un régime fiscal qui leur laisse à peine de quoi manger du pain, que les ouvriers peuvent économiser le capital nécessaire pour devenir, par l'association, co-propriétaires de l'instrument de travail ? évidemment non. Il faudrait, pour que l'ouvrier pût former par l'économie ce capital nécessaire à son émancipation, que la loi allégeât les charges du travail, dégrevât le producteur, fît supporter la plus forte part des frais généraux de la société à la fortune acquise, au capital. M. Menier, qui mérite à coup sûr d'être nommé parmi ceux qui s'occupent le plus activement de faire la clarté sur ce point, a prouvé, mais en vain, l'innocuité de l'introduction du nouveau système fiscal et les avantages énormes qu'il aurait pour tous : il n'y a rien à espérer tant que le pouvoir législatif restera aux mains de ceux qui se sont faits, envers et contre tous, les partisans obstinés du système des impôts indirects.

A cet égard, citoyens, la question sociale est une question essentiellement politique ; mais la politique des classes dirigeantes a jusqu'ici admirablement réussi à priver les classes ouvrières de tous les organismes nécessaires à la représentation des intérêts corporatifs dans les conseils de la nation.

Au lieu de créer, à côté de la puissance législative, une grande chambre consultative, composée des délégués de chaque corporation, ce qui devrait exister dans une société vraiment démocratique, voilà qu'on vient de nous doter d'un Sénat, qui représentera exactement les mêmes intérêts, et, avec un peu plus de pouvoir, remplira exactement les mêmes fonctions que la Chambre des Députés, dont il aura pour mission de modérer ou plutôt d'entraver l'action. Mais inutile de perdre notre temps à critiquer la Constitution du 25 février.

Faisons autre chose ; traçons en quelques lignes l'esquisse d'une constitution vraiment démocratique.

Au bas, les communes, assez grandes pour, posséder tous les éléments d'une activité sérieuse, quelque chose comme le canton actuel. Au-dessus, le département tel qu'il est : je ne vois point la nécessité d'en revenir aux anciennes provinces, et j'y verrais beaucoup de dangers. En haut, l'Etat.

Dans ces trois divisions, jouissant chacune d'une autonomie, d'une indépendance complètes dans le cercle de leur action respective, deux conseils : l'un, simplement *consultatif*, composé de délégués des diverses corporations ou des divers états, agricoles, industriels, scientifiques, artistiques, etc., etc.; l'autre, *délibératif*, ayant seul le pouvoir, qui dans aucun cas ne doit être divisé contre lui-même, et composé de membres élus, non par une section de la circonscription, mais par la circonscription tout entière.

Les membres des conseils municipaux ne seraient plus les élus de tel ou tel quartier : ils seraient les élus de toute la commune. Les membres des conseils généraux ne seraient plus les élus de tel ou tel canton : ils seraient les élus de tout le département. Les membres du conseil national ou assemblée législative ne seraient plus les élus de tel ou tel département : ils seraient les élus de toute la France.

Seulement, comme de pareils scrutins de liste seraient impossibles, chaque citoyen ne voterait que pour un seul conseiller municipal, un seul conseiller départemental, un seul député, la commune, le département, la France étant divisés par le nombre des conseillers ou députés à élire, et le quotient de cette division formant le nombre de voix nécessaires pour être élu.

Le personnel de l'administration communale, départementale, nationale relèverait, selon son degré dans la hiérarchie, de tel ou tel des trois conseils.

De cette façon les intérêts de chaque groupe de producteurs auraient, dans chacun des trois conseils consultatifs, une représentation fidèle et permanente. Ces conseils consultatifs instruiraient toutes les affaires, réuniraient toutes les informations, tiendraient sur toutes les questions une enquête toujours ouverte. Les décisions à prendre, c'est-à-dire le pouvoir déli-bératif ou législatif, appartiendraient uniquement aux conseils formés, comme nous l'avons dit, de représentants des intérêts généraux.

IX

Ce système naturellement, ne ferait pas l'affaire des hobereaux campagnards. Il ne suffirait plus d'être le plus riche propriétaire d'un canton pour arriver au conseil départemental; et pour être élu au conseil national, il faudrait absolument jouir d'une notoriété s'étendant à toute la France.

D'un autre côté, ce système qui donnerait aux capacités spéciales la certitude d'être élues comme déléguées de leurs corporations donnerait au pays l'assurance que les intérêts généraux domineraient dans les assemblées politiques, où ils seraient représentés par tout ce qu'il y aurait de plus savant, de plus élevé, de plus digne dans toute la nation française.

C'est alors que nous pourrions espérer de justes lois ; c'est alors que nous reprendrions rapidement dans le monde la place d'avant-garde que la France révolutionnaire avait ambitionnée ; c'est alors que de tous les points du monde, les amants passionnés de la liberté tourneraient leurs regards vers notre République et pourraient, à la lecture de nos débats, s'écrier, comme en 1792, le poète danois Baggesen :

« Je viens de recevoir les quatre derniers
» *Moniteur*. Ils contiennent des débats et
» des discours qui surpassent non seulement
» ce que la Grèce et Rome nous ont laissé,
» mais aussi presque tout ce qu'avait produit
» jusqu'ici cette révolution des révolutions. Ce
» sont rayons de la sagesse la plus pure,
» germes de la plus sublime vertu, énergie et
» dignité républicaines, transplantation de la
» liberté en Italie, en Allemagne... ah ! je
» succombe sous l'excès de ma joie ! »

Hélas ! chers amis, ce ne sont pas les assemblées qui, en France, ont succédé à la Convention qui ont fait jamais courir à personne le danger de succomber sous l'excès de la joie. Ce n'est pas que quelques-unes de ces assemblées n'aient fait verser beaucoup de larmes ; mais !... ce n'étaient pas des larmes de joie.

Je m'arrête, citoyens ; je ne veux point, par de telles pensées, attrister cette réunion. Permettez-moi, en finissant, de faire à vos cœurs, en faveur des familles des déportés, un appel qui toujours est entendu, un appel à la fraternité qui doit unir tous ceux qui travaillent à la solution de ce vaste problème de l'émancipation politique et économique des travailleurs.